VOM HASEN ZUM HIMMEL

WAS ES AN OSTERN WIRKLICH ZU FEIERN GIBT.

Thomas Joussen | Peter Karliczek

adeo

TEIL

1

OSTERN. EINE BESTANDSAUFNAHME.

Jedes Kind – und auch die meisten Erwachsenen – freut sich auf Ostern. Draußen wird's schon langsam warm, die gleichnamigen -Glocken sprießen knallgelb und dokumentieren, dass jetzt endgültig Frühling wird. Dazu gibt es Ferien und gutes Essen satt: Eier, Hasen und viel Schokolade. Man braucht nicht viel Phantasie, um zu verstehen, warum wir dieses kuschelige Fest so mögen, das es fast schon mit seiner großen Schwester Weihnachten aufnehmen kann. Da sind die Geschenke dann noch etwas größer, statt des Strauchs gibt es einen kompletten Baum und zudem wohlklingende Soundtracks aller Epochen (#odufröhliche, #lastchristmas&co.).

Aber halt. Da war doch noch mehr.
Beide Feste markieren wichtige Punkte im Leben der Person, nach der das christliche Abendland benannt wurde: Jesus Christus. Rund um diesen Mann gibt es viel Halbwissen und nicht selten sogar Streit.

Was aber hat Ostern mit ihm zu tun? Und was mit uns?
Welche Rolle spielen Hase, Ei und Lamm eigentlich beim Osterfest? Warum marschiert man gerade an Ostern für den Frieden? Fragen, die auf den folgenden Seiten nach Antworten suchen …

DER OSTER

HASE

Ein Klassiker zum Anbeißen.

Zum ersten Mal urkundlich erwähnt wurde „Ostern“ als Frühlingsfest, benannt nach der germanischen Frühlingsgöttin „Ostara“. Deren heiliges Tier war – man ahnt es vielleicht schon – der Hase: der Ostarahase quasi. Schon am Ende der kalten germanischen Winter wurde Meister Lampe freudig als Frühlingsbote begrüßt und als Symbol für Fruchtbarkeit und Leben gesehen. Die ersten Ostarafeste wurden also ohne Gedanken an Kirche & Co., aber bereits mit dem Osterhasen gefeiert, um das Frühjahr einzuläuten.
Im Rahmen der Christianisierung Germaniens so um 300 n. Chr änderte sich viel für unsere Vorfahren, unter anderem auch der Anlass zum Feiern. Da der Todestag von Jesus, der zentralen Figur des christlichen Glaubens, ebenfalls auf Anfang April datiert wurde, hat man beide Feste verschmolzen und den Namen des einen mit dem Inhalt des anderen verbunden. Und den Ostarahasen gab es als Bonus bis heute noch oben drauf.

Ein paar Fakten rund um die beliebteste Darreichungsform des Hasen als Schokoladenausgabe:

5,2 m

Der größte Schokohase war 5,2 m groß, wog 3 Tonnen und stand in Argentinien.

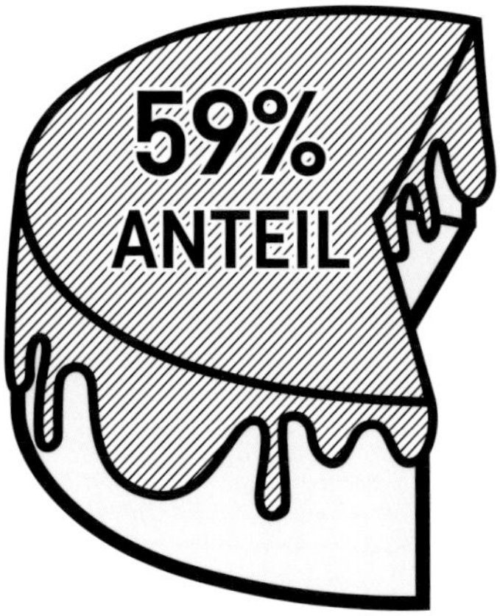

Der Schokoladen-Osterhase steht mit 57% Anteil *an erster Stelle der Schokoladenhohlkörperproduktion* und damit vor dem Schokoladen-Weihnachtsmann.

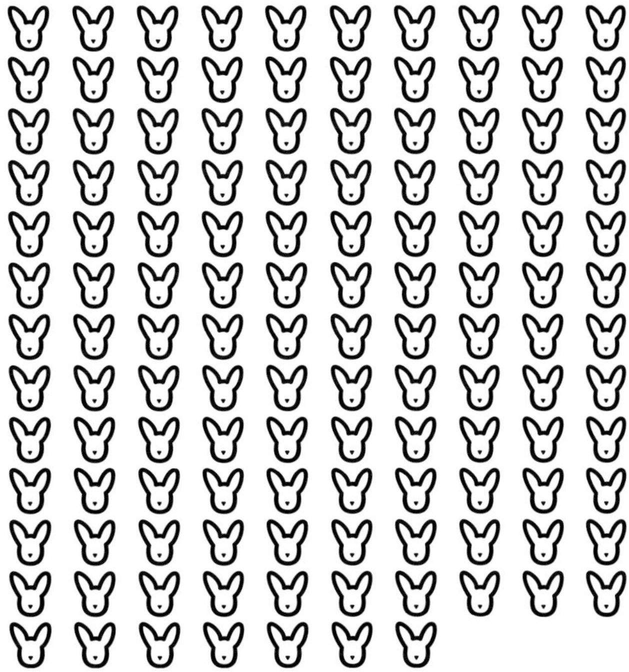

X 1.000.000

121 Millionen Schoko-Osterhasen werden pro Jahr in Deutschland verkauft.

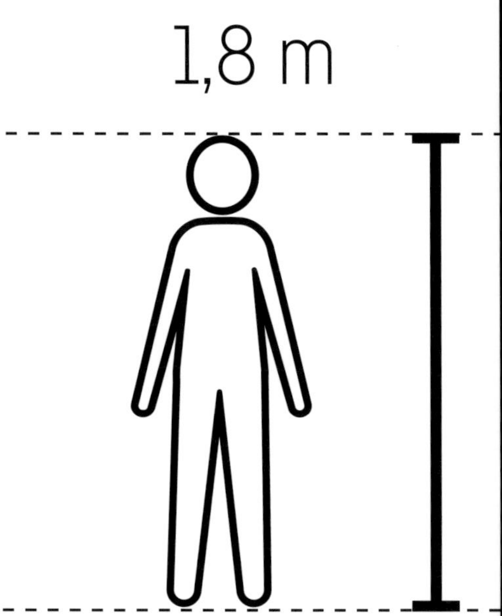

MILKA ALLEIN PRODUZIERT JÄHRLICH 30 MILLIONEN SCHMUNZEL-HASEN.

Das Osterlamm.
Von Anfang an dabei.

Agnus Dei

(lat. Lamm Gottes)

In der Osterzeit wird in unseren Breiten siebenmal so viel Lammfleisch verzehrt wie im Rest des Jahres.
Und in der Tat geht die Bedeutung des Osterlamms auf die Bibel zurück. Schon in den Anfängen der Bibel im Alten Testament lesen wir vom Lamm als einem der klassischen Opfertiere, das die Menschen Gott als „Brandopfer" darbrachten, um ihm damit das Signal zu senden, dass sie seine Macht anerkennen. Aus heutiger Sicht sicher nicht nur in den Augen von Vegetariern eine etwas skurrile Kommunikationsform; damals war das gängige Praxis.
Wir lesen im Neuen Testament, also zur Zeit von Jesus, dass das historisch erste Ostern genau zu dem Zeitpunkt stattfand, als man in Israel das sogenannte Passahfest feierte. Noch heute erinnern gläubige Juden sich mit dem Passahfest an den Auszug des Volkes Israel aus der Gefangenschaft in Ägypten. Damals – zu den Zeiten Moses – konnten sich all' die Familien retten, die ihre Eingangstür mit dem Blut eines Lammes eingestrichen hatten; wer die ganze, durchaus spannende Geschichte nachlesen möchte, findet sie im 12. Kapitel des zweiten Buch Mose, ganz am Anfang der Bibel. Und so ist auch das jüdische Passahfest einer der rechtmäßigen Vorläufer unseres heutigen Osterfestes.
Für die Menschen zur Zeit von Jesus war also klar, dass ein Lamm ein Opfertier war. Umso erstaunlicher, dass Jesus sich zu Lebzeiten selbst oft als „Lamm Gottes" bezeichnet und damit bereits früh sein Schicksal angedeutet hat als „unschuldiges Opfer stellvertretend für andere getötet zu werden." Mit dieser Geschichte beschäftigen wir uns später auf den Seiten 44 und 45 noch ausführlicher.

DIE OSTERMÄRSCHE

*AM TAG DES FRIEDENS FÜR DEN FRIEDEN UNTERWEGS

Der erste Ostermarsch fand in England im Jahre 1958 statt. 10.000 Menschen protestierten mit dem Ruf „Ban the bomb“ gegen die atomare Aufrüstung.
Bis heute wird vier Tage lang gemeinsam marschiert – von Karfreitag bis Ostersonntag. Von London geht es beispielsweise zu dem 83 km entfernten britischen Atomforschungszentrum Aldermaston.

In Deutschland fand der erste Ostermarsch 1960 statt – mit 1.000 Teilnehmern.
Seither stieg die Zahl der Marsch- und Kundgebungsteilnehmer bei den Ostermärschen bundesweit auf bis zu 300.000 Menschen an.
Das alles passiert nicht zufällig an Ostern: die heutige Friedensbewegung ist damals aus einer kleinen Bewegung „ethisch-religiöser Pazifisten“ entstanden, die sich auf die Friedens- und Liebesbotschaft Jesu‘ berufen haben.

TSCHÜ

DIE OSTERFERIEN.

FREI RUND UMS EI.

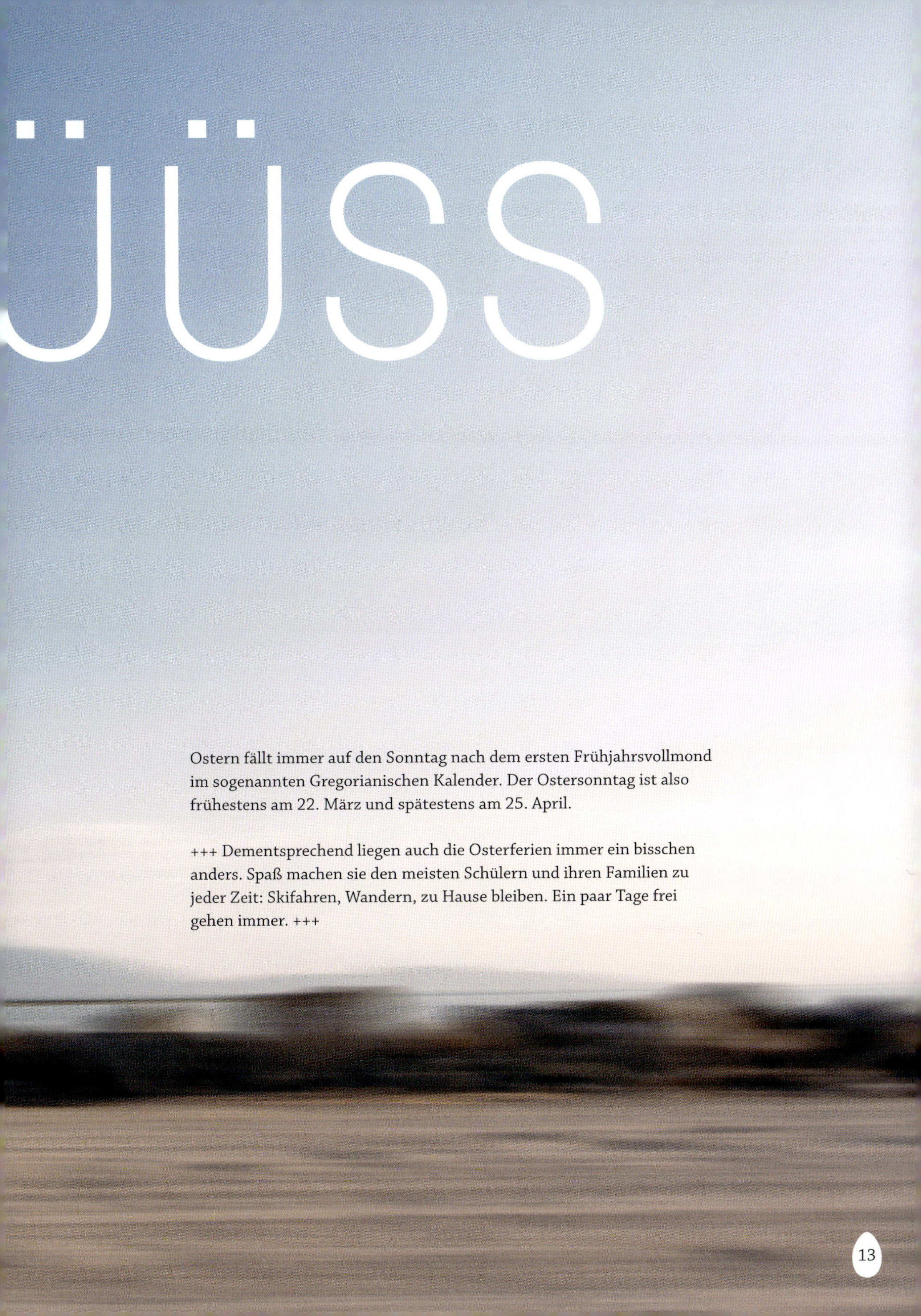

ÜSS

Ostern fällt immer auf den Sonntag nach dem ersten Frühjahrsvollmond im sogenannten Gregorianischen Kalender. Der Ostersonntag ist also frühestens am 22. März und spätestens am 25. April.

+++ Dementsprechend liegen auch die Osterferien immer ein bisschen anders. Spaß machen sie den meisten Schülern und ihren Familien zu jeder Zeit: Skifahren, Wandern, zu Hause bleiben. Ein paar Tage frei gehen immer. +++

Wie hat das alles angefangen mit den OSTE

AN OSTERN GIBT ES EIER.
LECKER, VOLLER LEBENSWICHTIGER NÄHRSTOFFE UND HÄUFIG KNALLBUNT.
ABER WOHER KOMMT DAS MIT DEN EIERN?

Die Bedeutung des Passahfestes als Vorläufer von Ostern wurde bereits erwähnt. Neben ungesäuertem Brot, gehört auch das Ei zu den symbolhaften Bestandteilen des traditionellen Passahmahles. Das Ei steht in der jüdischen Kultur – nebenbei wie in den meisten anderen Kulturen auch – als Zeichen für Fruchtbarkeit und Leben. In der christlichen Kultur gilt das Ei zudem

REIERN?

als Symbol für die Jungfrauengeburt, vermutlich weil es als Sinnbild für den Anfang und die Vollkommenheit von Gottes Schöpfung steht. Maria, die Mutter von Jesus hat ihren Sohn, den Sohn Gottes, als Jungfrau geboren (siehe auch Lukas Kapitel 1, Vers 26). Eine weitere Bedeutung kommt der Färbung von Eiern zu. Speziell rotgefärbte Eier sollen an den Opfertod Jesu erinnern. Über die Hintergründe dieses Opfertodes ist im Kapitel 2 ab Seite 22 genaueres zu lesen.

DAS OSTEREI. DER **EI-GENTLICHE STAR** DES FESTES.

240 MIO. EIER

Im Ostermonat isst der Deutsche pro Kopf drei Eier mehr als sonst. Das ergibt einen Osterbonus von 240 Millionen Eiern – Stress für das deutsche Huhn.

EIER-LEGENDE HASEN?

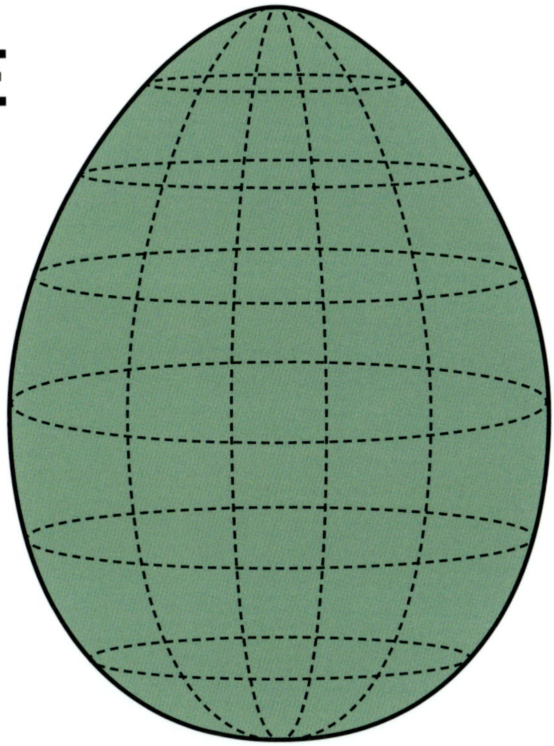

Wie gesagt, steht das Ei ja wie der Hase symbolhaft für Fruchtbarkeit und Leben. Der gemeinsame Weg von Ei und Hase begann um 1682 als der Frankfurter Arzt Johannes Richier innerhalb seiner Dissertation (!) erstmalig eierlegende Hasen erwähnte.

MEISTERLICH: Den Weltrekord im Eieressen hält eine US-Amerikanerin. Sie aß 65 hart gekochte Eier in 6 Minuten und 40 Sekunden.

ERSTAUNLICH: Bereits 5.000 v. Chr. haben die Germanen zum Frühlingsfest bunt bemalte Eier gegessen.

Bis dahin wurden auch andere Tiere als Überbringer von Ostereiern genannt: z.B. der Osterkuckuck, der Osterfuchs, der Osterstorch oder der Osterhahn ... Tausende von Störchen in goldener Alufolie in den Regalen heutiger Supermärkte – spannende Vorstellung.

MACHEN WIR OSTERN HEUTE FALSCH?

Wenn man sich mit den Traditionen rund um das Osterfest beschäftigt, nach deren Ursprüngen forscht, hier und da über kommerzielle Auswüchse stolpert und mehr oder auch mal weniger relevante Fakten sammelt, könnte man zu dem Schluss kommen, dass wir uns so weit vom Ursprung entfernt haben, dass die heutige Form des Osterfestes eine Farce sei.

KEINESFALLS.

Dass Menschen feiern ist gut. Traditionen sind gut und wichtig: gerade in einer Zeit, in der viel umbricht und neue Entwicklungen und Trends Angst und Sorgen auslösen, geben Traditionen Sicherheit und Orientierung. Und das gemeinsame Feiern befreit und entspannt als Gegenpol zu wachsender Anspannung und Stress. Wenn Kinder auf der Frühlingswiese nach Ostereiern suchen, wenn wir unseren Liebsten leckere Schokoladenhasen schenken und uns gegenseitig zum Ostermahl einladen, ist das gut.
Gut und wichtig ist allerdings auch, sich die Zeit zu nehmen und unter der Oberfläche des netten Frühlingsfestes den Blick auf die Ursprünge dieses Festes zu richten. Ins Gespräch zu kommen, nachzudenken und der Frage nachzugehen, was dieses Fest uns – und damit auch mir persönlich – zu sagen hat.
Und da ist viel zu entdecken: viel Interessantes, Spannendes, viel Wertvolles und Befreiendes. Das nächste Kapitel beschäftigt sich mit dem, was an Ostern passiert ist.

TEIL 2

WAS IST AN OSTERN EIGENTLICH GENAU PASSIERT?

Ostern ist seit fast 2.000 Jahren ein Fest.
Was aber ist vor 2.000 Jahren passiert? Und woher wissen wir das? Warum ist Ostern im Christentum und in unserer Kultur immer noch so wichtig? Warum wurde Jesus an ein Kreuz geschlagen? Was genau bedeutet eigentlich Auferstehung? Und was hat all das mit uns heute im 21. Jahrhundert zu tun?

Was war eigentlich *wann?*

Das bisherige Leben von Jesus im Schnelldurchlauf

Jesus Christus. Geboren im Jahre 0. Und damit der Mann, der eine neue Zeitrechnung einleitete. Seine Mutter Maria gebar ihn als Jungfrau. Sein Vater: Gott selbst. Dennoch behandelte Josef, Marias Mann, ihn wie seinen eigenen Sohn.
Er wuchs in Nazareth auf und hatte vier Brüder (Jakobus, Joses, Judas und Simon). Als Zwölfjähriger trat er zum ersten Mal im jüdischen Tempel auf und überraschte alle mit seinem Verständnis für religiöse Fragen. Als junger Mann wählte er den Beruf des Zimmermanns. Unspektakulär. Im Alter von 30 beginnt seine Wirkungszeit.
Er sammelt zwölf Jünger um sich, sozusagen seine „Follower", und zieht mit ihnen los. All das kann man nachlesen in den vier Büchern, die die Autoren Matthäus, Markus, Lukas und Johannes geschrieben haben. Als die vier Evangelien bilden sie den Anfang des Neuen Testaments.

Wann?

PALM-SONNTAG

Was?

→ Jesus kommt auf einem Esel nach Jerusalem.

→ Er wird als ‚König der Juden' mit großem Jubel empfangen.

→ Sie säumen seinen Weg mit Palmzweigen.

→ Das passt den Römern gar nicht, die ihren Herrschaftsanspruch in Gefahr sehen.

Wann?

GRÜN-DONNERSTAG

Was?

→ Jesus und seine Jünger treffen sich zum Abendessen. Es wird das ‚Letzte Abendmahl' sein.

→ Judas, einer seiner Jünger, verrät Jesus an die römischen Wachen.

→ Jesus wird verhaftet.

WANN?

KAR-FREITAG

WAS?

→ Jesus wird zum Tod verurteilt.

→ Jesus trägt sein Kreuz durch die Stadt bis zum Hügel von Golgatha.

→ Jesus wird dort ans Kreuz genagelt.

→ Jesus stirbt. Der Himmel verdunkelt sich. Der Vorhang im Tempel zerreißt.

→ Jesus wird ins Grab gelegt und das Grab wird verschlossen.

WANN?

OSTER-SAMSTAG

WAS?

→ Seine Anhänger trauern um ihn.

→ Das Grab wird von Soldaten bewacht.

WANN?

OSTER-SONNTAG

WAS?

→ Das Grab von Jesus ist leer.

→ Ein Engel erklärt: „Jesus ist von den Toten auferstanden – Er lebt!“

WANN?

OSTER-MONTAG

WAS?

→ Jesus begegnet zwei Jüngern auf dem Weg nach Emmaus.

WANN?

CHRISTI HIMMELFAHRT

WAS?

→ Jesus verlässt die Erde und kehrt zurück in den Himmel.

3 * damals das höchste jüdische religiöse und politische Gremium, zugleich oberstes Gericht

5 * Herodes, auch König Herodes, war als „Regierungschef von Galiläa", der Heimat von Jesus, juristisch verantwortlich. Deshalb schickt Pilatus Jesus zu Herodes, der sich zufällig in Jerusalem aufhielt.

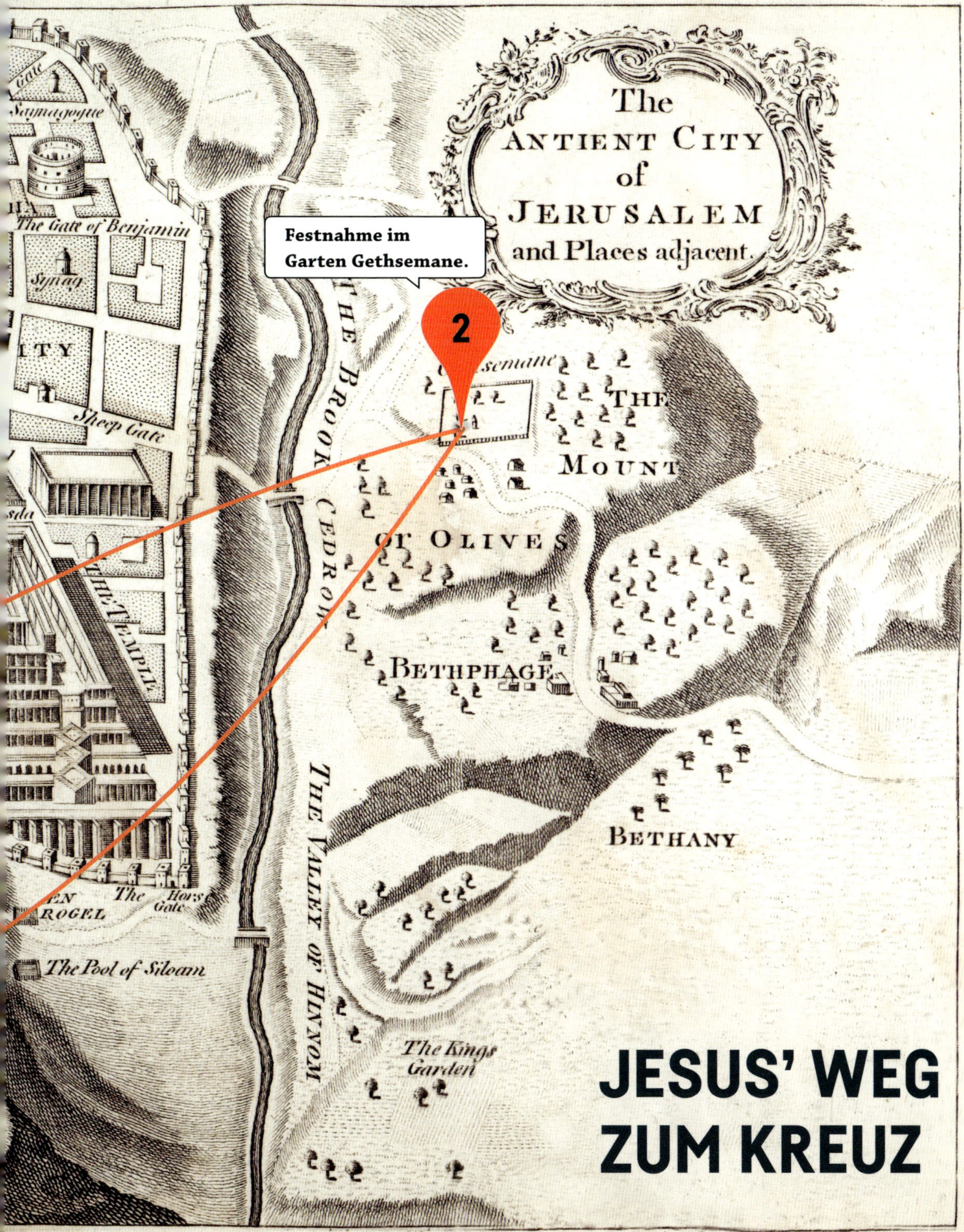

JESUS' WEG ZUM KREUZ

4 * Das Prätorium bezeichnet den Sitz des römischen Statthalters einer Provinz, meist war es gleichzeitig auch das Gerichtsgebäude

DAS ABENDMAHL

BREAD — JERUSALEM — WINE

Gemeinsames Essen. Eine wichtige und schöne Tradition. Miteinander zu essen stärkt unsere Beziehungen und sozialen Bindungen, verhindert Einsamkeit, führt uns ins Gespräch und hat damit – neben der reinen Nahrungsaufnahme – viele positive Nebenwirkungen. Frei nach dem Motto: „Zusammen isst man weniger allein".

Und so war auch das gemeinsame Mahl von Jesus und seiner Gefolgschaft anlässlich des Passahfestes nichts Außergewöhnliches. Und nur für's Kopfkino: Während Leonardo da Vinci die Tafelrunde auch seinen Traditionen gemäß um den Tisch sitzend zeigte, ist es wahrscheinlicher, dass Jesus und die Jünger in einem großen Esszimmer im ersten Stock eines Hauses in Jerusalem um den Tisch herum lagen.

Außergewöhnlich war, dass Jesus wusste, dass es sein letztes Mahl sein würde, obwohl er zu diesem Zeitpunkt noch ein freier, nicht mal angeklagter Mann war. An diesem Abend weihte er die Jünger in das ein, was nun passieren würde und erzählte ihnen, dass er bald sterben würde durch Verrat, unschuldig, am Kreuz; die Jünger reagierten – sehr menschlich: vollkommen schockiert.

Außergewöhnlich war auch, dass Jesus diese Gelegenheit nutzte, um seinen Jüngern die Füße zu waschen. Eine Geste, die gerade damals alle Konventionen sprengte. Ein Untertan wusch dem Herrn vor dem Essen die Füße und befreite sie vom Straßenstaub; keinesfalls umgekehrt. Heute würde man sagen: Das war ein No-Go. Total politisch unkorrekt.

Jesus stellte mit seinem Leben viele Prinzipien auf den Kopf, und so auch dieses. Er wollte deutlich machen, dass es sein Auftrag, seine Mission ist, den Menschen zu dienen. Mit der Fußwaschung deutet er bereits an, dass er sie zugleich auch von Schuld, vom Schmutz des Lebens reinigen wird.

Ebenfalls außergewöhnlich ist, dass wir uns an diesen denkwürdigen Abend bis heute erinnern, wenn wir in Kirchen und Häusern Abendmahl feiern.

Und bis heute ist es herausfordernd und damit mehr als außergewöhnlich, was während der Feier des Heiligen Abendmahls geschieht: vordergründig essen wir ein Stück Brot und trinken einen Schluck Wein. Mit diesen beiden kleinen Handlungen, diesen Symbolen reihen wir uns in Gedanken in die Tischgemeinschaft von damals ein. Und werden auch Teil der großen Gemeinschaft all' derer, die seither am Abendmahl teilgenommen haben. Das Abendmahl stiftet also zum einen Gemeinschaft. Zum anderen erinnert es uns an den Opfertod von Jesus und damit an unsere eigene Erlösung.

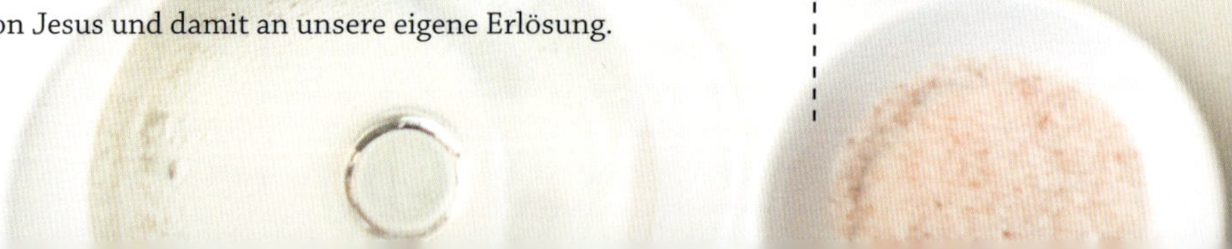

EIN GARTEN

Normalerweise ein Zufluchtsort für Ruhe suchende Passanten – wird an diesem Tag zur Kulisse für eine zentrale Begebenheit der Geschichte. *

EIN NAME

Normalerweise ein einfacher jüdischer Männername (der Name Judas) – wird zum Symbol für alle Verräter. **

EIN KUSS

Normalerweise eine Geste der Liebe – wird an diesem Tag zum Zeichen des Verrats.

FESTNAHME

*Der Garten, von dem hier die Rede ist, hieß „Gethsemane", was sich vom hebräischen „Gat-Schmanim" ableitet und übersetzt „Ölpresse" heißt. Dieser Name deutet an, dass in diesem Garten viele Olivenbäume standen und dort Olivenöl produziert wurde.

**Wenn wir heute den Namen „Judas" hören, ist er gleich negativ aufgeladen mit Begriffen wie „Habgier" und „Verrat": dabei war Judas damals ein gebräuchlicher Name. Einer der Brüder von Jesus hieß so und ein weiterer Jünger auch.

In diesem Garten Gethsemane wird Jesus von Judas an seine Feinde verraten.

DIE VERURTEILUNG

Kann ein Mensch seine Hände in Unschuld waschen? Pontius Pilatus konnte. Er war der römische Statthalter in Jerusalem. Im Prinzip hatte er nicht einmal ein Problem mit Jesus, war sogar von dessen Unschuld überzeugt. Aber er war ein Mann, der die Macht liebte und den Konflikt scheute. Pilatus wurde angetrieben vom Hohen Rat: das war – wie gesagt – damals das höchste jüdische religiöse und politische Gremium und zugleich das oberste Gericht.
Doch was wurde Jesus eigentlich vorgeworfen? Mit seiner Aussage, der König der Juden zu sein, provozierte Jesus nicht nur die römische Führung, sondern auch die religiösen Gesetzeshüter. Der Hohe Rat legte dieses Verhalten neben der Gotteslästerung als Anzetteln eines politischen Aufruhrs aus, worauf damals die Strafe der Kreuzigung stand. Schlussendlich war es Pilatus, der Jesus zum Tode verurteilte. Denn dieses Urteil durfte laut damaliger Rechtsprechung nur er, der Statthalter des römischen Kaisers, aussprechen.
Und so wurde Jesus unschuldig verurteilt. Aus Angst vor dem Volk und dessen Führern. Angetrieben von Hass. Und Machtgier.

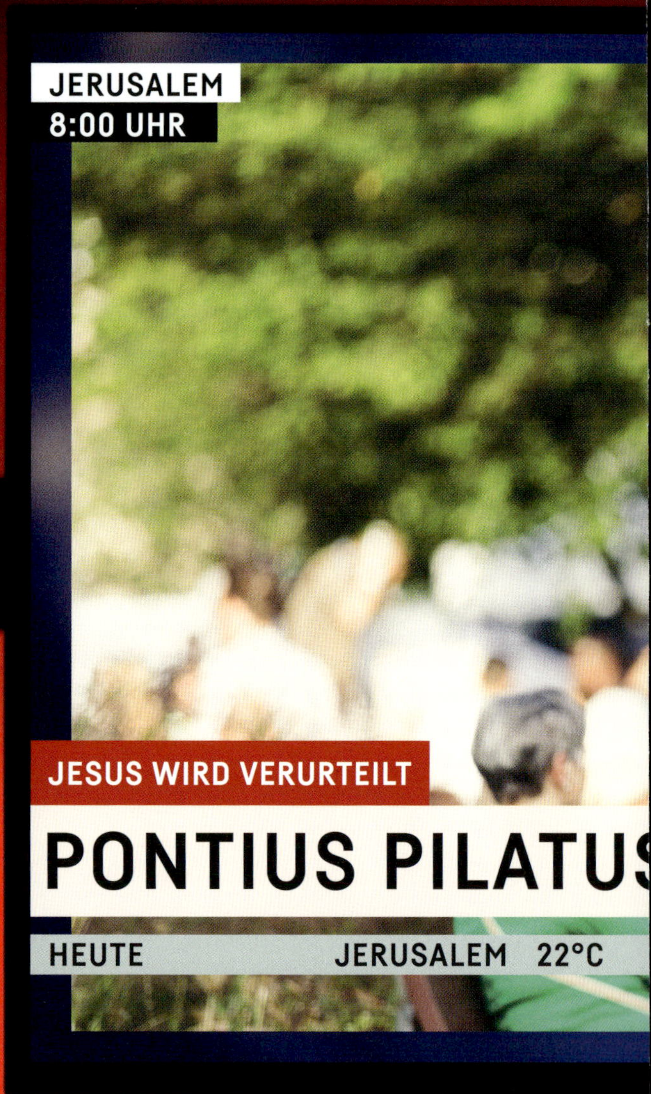

POLIZEI
POLIZEI
VERURTEILT JESUS ZUM TODE
BETHLEHEM 20°C
DAMASKUS 15°C

DIE KREUZIGUNG DIE KREU

Jesus trug sein Kreuz selbst bis nach Golgatha. Im Hebräischen heißt Golgatha „Schädelstätte", was so viel bedeutet wie Hinrichtungsplatz. Wer dorthin unterwegs war, dessen Schicksal war besiegelt.

I.

Weil er kraftlos zusammenbrach, half ihm ein Passant. Simon von Kyrene. *

II.

Weil er großen Durst litt, gaben römische Soldaten ihm Essig zu trinken. **

III.

Weil er nackt sterben musste, verschacherten die Soldaten seinen Umhang, noch während er am Kreuz hing.***

Diese kurzen Passagen stecken voller spannender Fakten.

* Simon war ein farbiger Mann aus der lybischen Stadt Cyrene (heute Shahat), der gerade von der Feldarbeit nach Hause kam. Er gilt heute als erster Schwarzer, den die Kirche verehrt.

** Essigwasser war damals ein normales, sogar desinfizierendes Getränk. Rückblickend sind sich die Experten daher nicht einig, ob es eher eine gute Tat war, Jesus Essig zu trinken zu geben, oder ob der grausame Gedanke dahinter stand, sein Leiden zu verlängern.

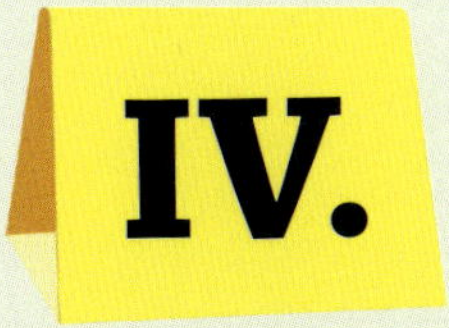

Weil der mit ihm verurteilte Dieb erkannte, dass Jesus Gottes Sohn ist, sprach Jesus ihn von seinen Sünden frei und nahm ihn ins Paradies auf.****

Weil alle Angst hatten, starb Jesus allein und verlassen.

*** Ein Umhang war damals ein wertvoller Besitz, der je nach Zustand von Generation zu Generation weitergereicht wurde.

**** Mit dem Wort Paradies wird in der Bibel sowohl der Garten Eden (Genesis 2-3) bezeichnet als auch der Ort, wo Gott und der Mensch sich nach dem Tod begegnen.

Die 7 letzten Worte Jesu

Jesus über die Soldaten, die ihn kreuzigten:

Vater, vergib ihnen, denn sie wissen nicht, was sie tun

Jesus zu dem bereuenden Verbrecher:

Heute noch wirst du mit mir im Paradies sein

Jesus zu seiner Mutter über Johannes:

Liebe Frau, das ist jetzt dein Sohn

Jesus zu seinem Vater:

Mein Gott, mein Gott, warum hast du mich verlassen

Jesus zu den Soldaten:

Ich habe Durst

Jesus zum Ende seines Lebens auf der Erde:

Es ist vollbracht

Jesus zu seinem Vater:

Vater, in deine Hände gebe ich meinen Geist

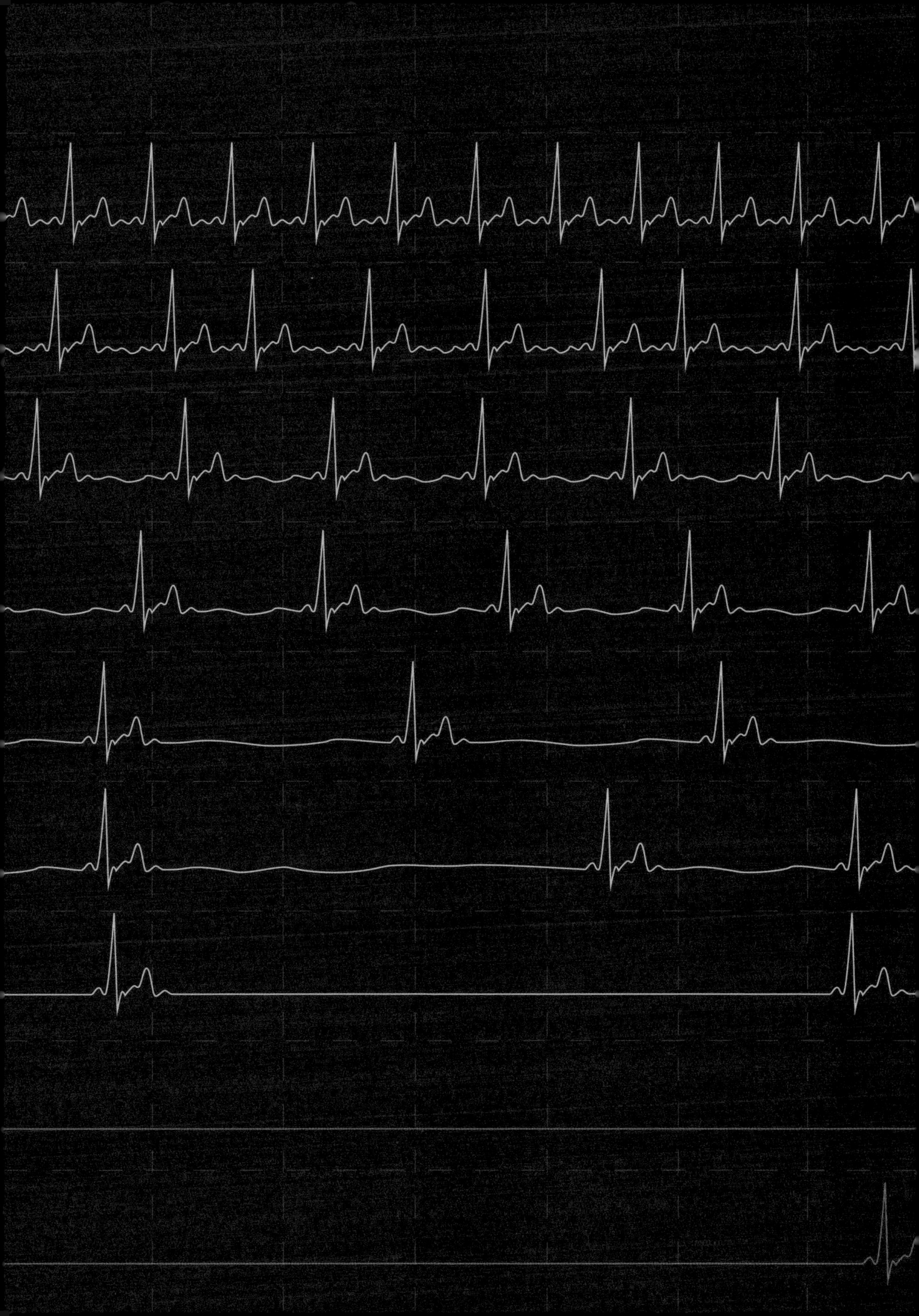

DIE ERSTE REAKTION AUF DEN TOD JESU.

Jesus starb.

Und es wurde finster.

Und der Vorhang, der bislang
vor dem Allerheiligsten hing,
riss in zwei Stücke
und gab den Weg zu Gott
für alle Menschen frei.

Und die Tür
zum Himmel
war offen für alle.

Wer im christlichen Abendland aufgewachsen ist, schon mal in einer Kirche gesessen oder am Religionsunterricht teilgenommen hat, ist dem Wort „Auferstehung" sicher schon begegnet.

Bei genauem Hinsehen stellt dieses Wort die Wissenschaft bis heute vor ein großes Rätsel. Die Auferstehung ist DAS Mysterium, das dicke Fragezeichen der christlichen Religion. Und gleichzeitig deren Kern und Schlüssel.

Viele Menschen können „Auferstehung" nicht denken. Das beginnt schon mit der Frage, „wovon" Jesus eigentlich auferstanden ist. Fest steht, dass Jesus tot war. Wirklich, richtig tot. Dieser Tod von Jesus ist die eigentliche Black Box für viele Menschen, denn offenbar ist in diesem Tod etwas passiert. Und womit wir nur schwer klarkommen ist der Gedanke, dass Jesus der erste Mensch in der Geschichte war, der tatsächlich selbst aus dem Tod zurückgekommen ist. Tote auferwecken – das zu können haben schon viele vorher für sich beansprucht. Und auch Jesus hat das schon vorher getan, als er beispielweise seinen Freund Lazarus „auferweckt" hat (Johannes 11, 1-45). Aber selbst aus dem Tod zurückzukommen, sich selbst vom Tod auferwecken zu lassen: Das ist neu und sprengt bis heute das Vorstellungsvermögen selbst vieler hartgesottener Christen.

Auch dieses Buch ist nicht in der Lage, mit wohlgesetzten Worten und guten Argumenten dieses Mysterium komplett zu entschlüsseln oder diese Black Box vollständig zu öffnen. Aus persönlicher Erfahrung lässt sich nur so viel sagen: ein Teil des Mysteriums und damit der Zugang zu Jesus und seiner unglaublichen Tat ist der individuelle, persönliche Glaube. Dieser Baustein ist entscheidend, um das eigentlich Unglaubliche doch zu glauben. Und dann sogar zu verstehen und für sich in Anspruch zu nehmen.

Aber woran sollen wir denn glauben? Ein Blick auf das Glaubensbekenntnis – das in fast allen Kirchen rund um den Erdball jeden Sonntag gemeinsam gesprochen wird – gibt hier einen Hinweis. Wer das Glaubensbekenntnis mitspricht, sagt sinngemäß (und unter Auslassung vieler anderer Inhalte): „Ich glaube daran, dass Jesus gelitten hat, dass er gekreuzigt wurde, gestorben ist und begraben wurde, dass er ‚hinabgestiegen' ist in das Reich des Todes und dann am dritten Tag von den Toten auferstanden ist." Seit rund 1.500 Jahren ist das die Formel, auf die sich die Glaubenden berufen. Und hier wird geklärt, wohin Jesus zunächst „hinabgestiegen" ist: in das Reich des Todes, in den Tod, zu vielen anderen Toten. Das wäre schon mal geklärt.

WARUM IST AUFERSTEHUNG ÜBERHAUPT NÖTIG?

Um das zu erläutern, müssen wir einen kleinen Rückblick einschieben und ziemlich weit zurückblättern.

Die Bibel stellt Jesus als Sohn Gottes vor. Am Anfang der Bibel kann man lesen, wie dieser Gott, der von Anfang an da war, die Welt geschaffen hat. Und damit auch die Menschheit, den Menschen, jeden Einzelnen: dich, mich, alle. Als Gegenüber hat er uns geschaffen, als „Abbild seiner selbst", sagt die Bibel.

Und gleich zu Beginn, quasi in Kapitel 1, steht eine Schlüsselszene. Adam und Eva, die ersten beiden Menschen, befinden sich im Paradies, einem wunderbaren Garten, mit allen Tieren und Pflanzen, unter anderem mit zwei Bäumen: dem Baum des Lebens und dem Baum der Erkenntnis.

Im Zentrum des Gartens steht der Baum der Erkenntnis. Gott hatte Adam und Eva gesagt: „Wenn ihr davon esst, müsst ihr sterben." Ja, das klingt krass, aber das war bei näherer Betrachtung auch die einzige Einschränkung, die es gab, sonst war alles erlaubt.

Da wir Menschen ja ziemlich neugierig sind, wollten anscheinend auch die ersten Vertreter unserer Art, Adam und Eva, lieber erst mal selber schauen, „was wohl passiert, wenn...", anstatt Gottes Rat zu folgen. Und so entschieden sie sich, die Frucht zu nehmen und zu essen.

Das hatte Konsequenzen: Ab jetzt hatten sie „Erkenntnis", sie konnten unterscheiden zwischen Gut und Böse. Weil sie aber die verbotene Frucht gegessen hatten, verloren sie gleichzeitig ihr ewiges Leben.

Durch diese erste „Sünde" (von altdeutsch „Sund" = Graben) kam es auch – und vor allem – zur Trennung von Gott. Aufgrund dieser Trennung musste der Mensch umziehen, er musste raus aus dem Paradies und rein in die „Welt". Statt den ursprünglichen „paradiesischen Zuständen" ist das Leben des Menschen seit diesem Moment geprägt durch mühevolle Arbeit, mit der er sich im „Schweiße seines Angesichts" seinen Lebensunterhalt verdienen muss.

Und um langsam wieder die Kurve in Richtung Ostern und Auferstehung zu kriegen: Durch die Sünde, die die Trennung von Gott und das Ende des ewigen Lebens bewirkte, kam der Tod in die Welt.

Mit der Auferstehung von Jesus wird der Tod besiegt.
Das ist das eigentliche Wunder, das Wunderbare, das Unglaubliche.

WARUM MUSSTE JESUS ÜBERHAUPT STERBEN, BEVOR ER AUFERSTANDEN IST?

Nach der ersten Trennung gibt Gott dem Menschen Regeln: die zehn Gebote. Diese Gebote geben Orientierung, wie Beziehungen gelebt und gestaltet werden sollen. Das ist gut und hilfreich: Wer diese Gebote heute liest, merkt, dass sie nach wie vor in unsere Lebensrealität hineinpassen, nichts an Gültigkeit eingebüßt haben und deshalb die Grundlage fast aller aktuellen Rechtssysteme bilden.

Aber die Gebote konnten die Trennung zwischen Gott und dem Menschen nicht aufheben. Dafür hatte das „Alte Testament" eine andere Lösung: Wo Beziehung nicht gelingt und Trennung entsteht, hilft ein Opfer, diese Trennung zu überwinden. Einer muss ein Opfer bringen, damit die Beziehung wieder in Takt kommt, einer muss sich auf den Weg machen.

Aus dem Alten Testament stammt zum Beispiel die Tradition, dass ein Sündenbock in die Wüste geschickt wird, damit Schuld und Sünde aus dem Leben verschwinden. Heute sind daraus zwei häufig gebrauchte geflügelte Redewendungen geworden: Auch heute werden Menschen in die Wüste geschickt. Andere werden zum Sündenbock gemacht.

Aber Gott belässt es nicht bei dieser „Opferpraxis". Weil er uns Menschen liebt, entscheidet er sich, selbst ein finales Opfer zu bringen und damit einen Weg zu öffnen, der es den Menschen ermöglicht, die Trennung von ihm doch zu überwinden.

Um endlich zu den Menschen durchzudringen, greift Gott zu einer radikalen Maßnahme: Er wird selbst ein Mensch, nämlich Jesus Christus. Einmal, um den Menschen auf Augenhöhe zu begegnen und ihnen durch das Beispiel von Jesus zu zeigen: So bin ich, und so habe ich mir das mit eurem Zusammenleben und unserer Beziehung hier auf Erden gedacht. Und dann, ultimativ, um zu zeigen, wie weit er bereit ist zu gehen, um die Trennung von den Menschen zu überbrücken: Indem er sich selbst opfert und am Kreuz stellvertretend für alle, für unsere Schuld und Sünde stirbt.

Gott kommt also als Jesus auf die Welt mit dem Ziel, sich als „Sündenbock" für uns Menschen selbst zu opfern. Starker Tobak.

Und jetzt wiederholt sich etwas, das auch schon ganz am Anfang, bei Adam passierte.
Weil Schuld und Gott einfach nicht zusammenpassen, ruft Jesus laut am Kreuz:
„Mein Gott, mein Gott, warum hast du mich verlassen?"
In diesem Moment nimmt Jesus die Schuld der ganzen Welt und macht sich damit allein – quasi ohne Gott – auf den Weg in das Reich des Todes.
Und er stirbt selbst.

AUFERSTEHUNG VON DEN TOTEN.

Okay, wer jetzt sagt, „ich bin raus, das ist mir zu abstrakt" – willkommen im Club. Viele Menschen unserer Tage können mit diesen Gedanken in ihrem akademisch geprägten Weltbild nirgends andocken: das klingt in ihren Ohren eher nach Science Fiction und Raumschiff Enterprise („Scottie, beam me up!") als nach einem mehr als 2.000 Jahre alten Plan, um die Menschheit zu retten.

Die Kirche spricht hier nicht zufällig vom Geheimnis des Glaubens. Das kann man – wie gesagt – glauben oder nicht, aber mangels „greifbarer Beweise" kaum zielführend diskutieren.

Die Geschichte ist aber mit dem Abstieg ins Totenreich noch nicht zu Ende, sondern geht weiter. Denn woher hätte man sonst wissen sollen, dass das alles nicht nur „Fake News" waren? Jesus ersteht am dritten Tag wieder von den Toten auf. Er kommt zuerst wieder auf die Erde zurück, begegnet dort einzelnen Menschen und zeigt dadurch zudem:

Er ist wirklich Gottes Sohn.

EIN GRAB IM ALTEN ISRAEL

Wohlhabende Menschen im alten Israel kauften ihre Grabstätte zu Lebzeiten. Oft waren dies natürliche oder in Stein gehauene Höhlen, die mit einem großen Felsen verschlossen wurden, nachdem der Leichnam in das Grab gelegt wurde.

Der tote Körper wurde vor der Grablegung einbalsamiert und in Tücher gewickelt, sodass er die letzte Reise in angemessener, hygienisch einwandfreier Form antreten konnte.

Jesus hatte keine Besitztümer und somit auch kein eigenes Grab. Er wurde in das Grab eines anderen gelegt: Das Felsengrab, das der Ratsherr Joseph von Arimathäa, einer seiner Nachfolger, eigentlich für sich selbst gekauft hatte. Joseph war ein reicher Mann, vermutlich sogar ein Mitglied des vorher erwähnten Hohen Rats. Aus Angst vor der Reaktion des Volkes hielt er die Tatsache, dass auch er ein Nachfolger von Jesus war, aber bis zu diesem Moment geheim.

Jetzt wurde Joseph jedoch aktiv und handelte für alle sichtbar in der Öffentlichkeit, indem er den Leichnam Jesu vom Kreuz abnahm und ihn in seine private Grabstätte legte. Das war das mutige Bekenntnis eines Mannes, der seinen Glauben an Jesus bisher für sich behalten hatte.

JESUS BEGEGNET DEN FRAUEN AM GRAB

Es gibt zahlreiche Anhaltspunkte, dass zu den männlichen Jüngern von Jesus auch viele Jüngerinnen gehörten. Frauen, die – wie die zwölf Männer – alles stehen und liegen ließen und dem Ruf von Jesus folgten, mit ihm gemeinsam in Israel unterwegs zu sein.

Es wird berichtet, dass einige der Jüngerinnen lange am Kreuz ausharrten, als Jesus gefoltert wurde und starb.

Und es waren wieder seine weiblichen Anhängerinnen, die am Morgen des dritten Tages nach ihm sehen wollten und dann als Erste feststellten, dass das Grab leer war.

Je nachdem, wo man in der Bibel nachliest, werden unterschiedliche Frauen erwähnt, die zu dieser Gruppe gehörten.

Ziemlich sicher ist, dass Maria Magdalena dabei war, die wichtigste Jüngerin von Jesus: Maria war eine unverheiratete Frau aus dem Dorf Magdala, dem heutigen Migdal, am Westufer des See Genezareth in Galiläa.

Diese Frauen sind die Ersten, die den auferstandenen Jesus sehen und somit auch die Ersten, die den anderen erzählen, dass Jesus auferstanden ist.

DAS LEERE GRAB: DIE GESCHICHTE

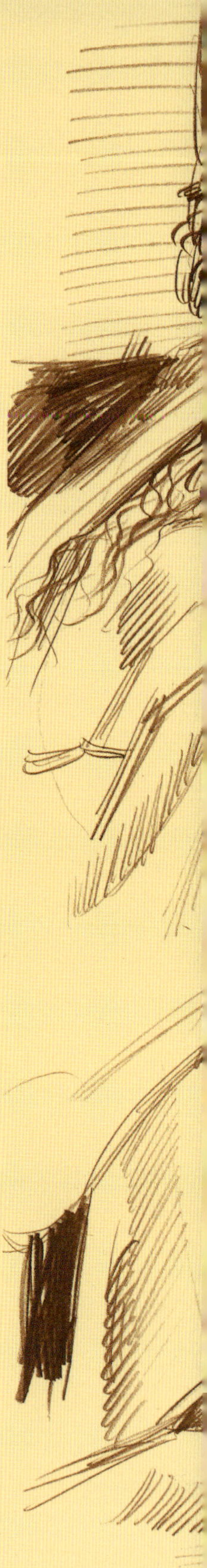

Die Frauen kamen am dritten Morgen nach dem Tod von Jesus zum Felsengrab, das eigentlich Joseph von Arimathäa gehörte. Sie wollten den Leichnam mit wertvollen Ölen einbalsamieren und Jesus so eine letzte Ehre erweisen. Das hat sicher einige Überwindung gekostet: denn der Körper von Jesus war zum einen durch die Folterungen sehr geschunden und äußerst unansehnlich, zum anderen war er in ein Leintuch gewickelt, das die Frauen jetzt erst abwickeln mussten.

Doch als sie ankamen, war das Grab leer.

Der gewaltige Stein, mit dem es drei Tage zuvor verschlossen worden war, war weggerollt. Die Tücher lagen auf dem Boden, der Leichnam war fort.

Statt des erwarteten leblosen Körpers ihres Freundes und Meisters empfängt die Frauen in der Grabhöhle ein strahlend weiß gekleideter Engel. Immer, wenn es richtig wichtige Nachrichten von Gott gibt, werden diese von Engeln überbracht.

In der Bibel werden Engel zumeist so beschrieben, dass die Menschen, die sie sehen, sich furchtbar erschrecken: Menschen mit „strahlend leuchtendem Gewand" würden sicher auch auf uns angsteinflößenden Eindruck machen.
Deshalb lautet der durchgängige erste Gruß aller Engel: „Fürchtet Euch nicht!"

Und dann verkündet der Engel den Frauen das Unglaubliche, nämlich, dass Jesus – so wie er es vorher angekündigt hatte – von den Toten auferstanden ist.

Heute liest sich das verhältnismäßig entspannt, da diese Geschichte und ihr Ausgang ja seit Generationen bekannt ist; die ersten Hörerinnen hat diese „frohe Botschaft" sicherlich an den Rand ihres Verstandes gebracht. Umso erstaunlicher, dass sie sich sofort auf den Weg zu den anderen Jüngern machen, um ihnen zum ersten Mal überhaupt die Osterbotschaft zu überbringen.

„Jesus ist auferstanden. Er ist wahrhaftig auferstanden!"

Heute streiten sich die Gelehrten, ob dieses Grab an der Stelle der heutigen Grabeskirche in der Jerusalemer Altstadt lag oder ob es das sogenannte Gartengrab ist, das man 1861 vor den Toren der Stadt entdeckte.

Wie auch immer.
Die entscheidende Botschaft ist:
Das Grab ist leer.

BEGEGNUNG AUF DEM WEG NACH EMMAUS

Folgende Begebenheit nach der Auferstehung, die im Lukas-Evangelium berichtet wird, ist irgendwie typisch für Jesus.

Zwei seiner Jünger befinden sich gemeinsam auf dem Weg von Jerusalem ins elf Kilometer entfernte Emmaus. Plötzlich und fast unbemerkt geht ein Dritter neben den beiden her und mischt sich in deren Gespräch ein. Die beiden erkennen ihn nicht, im Text wird sogar berichtet, dass sie ihn nicht erkennen, weil Gott das zunächst verhinderte: Jesus wollte bei ihnen sein, für einen Moment aber noch „inkognito“, unerkannt.

„Worüber redet ihr?“, fragt er sie. Die beiden, die sich gerade über die schlimmen Ereignisse der letzten Tage austauschen, zeigen sich sehr irritiert, fast empört, dass der Fremde offenbar davon noch nichts gehört hat. Jesus lässt sie also haarklein berichten, was sich in Jerusalem zugetragen hat. Irgendwie grotesk: andererseits stellen wir häufig fest, wie wichtig es ist, die Dinge, die wir zu verarbeiten haben, selbst auszudrücken, selbst unsere Schmerzen und Freuden zu formulieren. Die beiden erzählen dem vermeintlichen Passanten also alles, auch, dass die Jünger nach dem Bericht der Frauen zum Grab gelaufen sind, um mit eigenen Augen zu überprüfen, ob denn das auch alles stimmt.

So sind wir Menschen nun einmal. Was wir nicht selbst gesehen, gehört und am besten angefasst haben, glauben wir nur mit Mühe. Und so seufzt der gerade auferstandene „Jesus Inkognitus“ und rügt die Jünger für ihren Unglauben, denn alles, was geschehen war, hatte er selbst ihnen ja vorausgesagt und alles war auch über Jahrhunderte im Alten Testament so angekündigt worden.

Kurz vor Emmaus will Jesus sich eigentlich verabschieden; doch auf die ausdrückliche Einladung der Jünger begleitet er sie noch zum Essen. Erst dort erkennen die Jünger ihn. Und während bei ihnen pfennigweise der Groschen fällt, verschwindet Jesus – kaum erkannt – auch schon wieder.

FAZIT:

Offensichtlich taucht Gott häufiger im Leben von Menschen auf, als diese das wahrnehmen. Er spricht mit ihnen, begleitet sie, begegnet ihnen, teilweise in Form anderer Personen. Schlussendlich lässt er sich immer wieder erkennen, damit wir Menschen glauben können.

FRÜHSTÜCK MIT DEN JÜNGERN AM SEE

Eine wunderbare, fast kitschig schöne Geschichte wird im Johannes-Evangelium erzählt, die dem Leser nach der Auferstehung einen sehr menschlichen und nahbaren Jesus zeigt.

Auch hier sind einige Jünger gemeinsam unterwegs und versuchen sich nach den schlimmen Ereignissen abzulenken und langsam wieder in die Spur ihres Alltags zurückzufinden.

Simon Petrus, der Fischer, irgendwie auch den Anführer der Jünger, zieht es zu dem, was er am besten kann: er schnappt sich sechs andere Jünger und fährt mit ihnen bei Nacht zum Fischen auf den See. Im Morgengrauen kommen die Männer völlig frustriert zurück. All ihre Mühen waren vergeblich: nichts hat geklappt, die Netze sind leer, der See fühlt sich „wie vernagelt" an.

Am Ufer wartet Jesus, der sich auch in dieser Geschichte nicht gleich zu erkennen gibt. Er ruft den Männern zu, dass sie doch versuchen sollen, die Netze auf der anderen Seite des Bootes auszuwerfen. Man muss kein Fischer sein, um festzustellen, dass das ein ziemlich irrwitziger Vorschlag ist: Warum sollten urplötzlich nur zwei Meter weiter rechts unter dem Boot Fische sein,

wo vorher keine waren? Eigentlich völliger Quatsch. Aber die Männer vertrauen dem Rat des Fremden und werden belohnt: Das Netz ist so prallvoll mit Fischen gefüllt, dass es beinahe platzt.

Der Erfolg lässt die Jünger aufmerken und sie erkennen, dass es kein anderer als Jesus ist, der ihnen den goldrichtigen Tipp gegeben hat. Sie bringen die Fische ans Ufer, wo Jesus bereits den Grill angeworfen hat und für die müden Fischer ein leckeres Frühstück zubereitet.

Eine schöne Vorstellung: dass Gott die erschöpften Fischer mit Frühstück versorgt. In der Bibel findet man viele Stellen, die Gott genau so skizzieren. Beginnend mit dem „Geschenk des Lebens“ ist er für Menschen da und bietet denen seine Hilfe und seinen Rat an, die das wollen und sich auf ihn einlassen. Auch der andere Aspekt, der hier beschrieben wird, kann als Parabel für das Leben verstanden werden: Erfolg und Misserfolg liegen häufig dicht beieinander und lassen sich manchmal mit rationalen Argumenten nicht erklären. Wohl dem, der einen guten Ratgeber hat, der über eine andere Perspektive verfügt. Vielleicht sogar – wie in diesem Fall – über eine göttliche.

DIE AUSBREITUNG DES CHRISTENTUMS (DER ANFANG)

Die Frauen, die das leere Grab und den Engel gesehen hatten, liefen gleich los und verkündeten allen, die ihnen begegneten, was sie gesehen hatten. Im Prinzip ist es von der ersten Sekunde an losgegangen mit der Verbreitung der „guten Nachricht". Die Frauen, die das leere Grab und den Engel gesehen hatten, liefen gleich los und verkündeten allen, die ihnen begegneten, was sie gesehen hatten.

Und auch die Szene am Ufer des Sees endet damit, dass Jesus seinen Jünger Petrus beauftragt, sich um die Verbreitung seiner Geschichte zu kümmern.

Kurze Zeit später hat der andere große Verkünder seine Jesus-Begegnung: auf der Straße ins syrische Damaskus erscheint Jesus dem Saulus, der ihn und seine Jünger damals noch verfolgte, und macht aus dem Feind einen glühenden Verfechter der christlichen Lehre. Unter seinem neuen Namen Paulus ist er der große Evangelist, dem fast alle Briefe (die er vor allem an von ihm gegründete Gemeinden schickte) im hinteren Teil des Neuen Testaments zugeschrieben werden.

Paulus und Petrus (und viele andere) trugen die Geschichte von Jesus zuerst zu den Juden in ihrer unmittelbaren Umgebung und dann schnell über die Grenzen des damaligen Israel ins nahegelegene Ausland, zu den sogenannten „Heiden": nach Ägypten, nach Syrien, nach Kleinasien und dann über die heutige Türkei nach Griechenland und ins heutige Italien mit der Hauptstadt Rom.

Die ersten Zuhörer waren zumeist bitterarme Menschen, die unter dem prunkvollen Lebensstil der Herrscher litten und mit den sozialen Ungerechtigkeiten zu kämpfen hatten. Die Botschaft von Jesus war für sie wie ein frischer Wind voller Hoffnung und neuer Ansätze.

Das Christentum vermittelte erstmals die tröstliche Perspektive, das jeder (!) Mensch ein persönlich geliebtes Kind Gottes ist. Jesus hatte zudem seine Nachfolger aufgefordert, andere Menschen zu lieben, sogar ihre Feinde. Und die greifbaren Taten der Nächstenliebe überzeugten die Menschen mehr als alle Worte. Bis heute ist es für Menschen, die mit dem Glauben nicht viel anfangen können, das überzeugendste Argumente: wenn Menschen nicht nur von ihrem Glauben reden, sondern vor allem auch so handeln, wie Jesus es vorgelebt hat.

Besonders in den unteren sozialen Schichten wurde die neue Glaubensrichtung damals begeistert aufgenommen und führte zu einem ganz neuen Selbstbewusstsein; zugleich aber auch zu Konflikten mit den damaligen religiösen Führern, den Pharisäern und Hohepriestern, die als Wahrer des Alten Testaments ihren elitären Status gefährdet sahen.

Damals sorgten die gute Infrastruktur des Römischen Reichs und die engen sozialen Netzwerke der ersten Christen für die schnelle Verbreitung der neuen Botschaft und des neuen Glaubens.

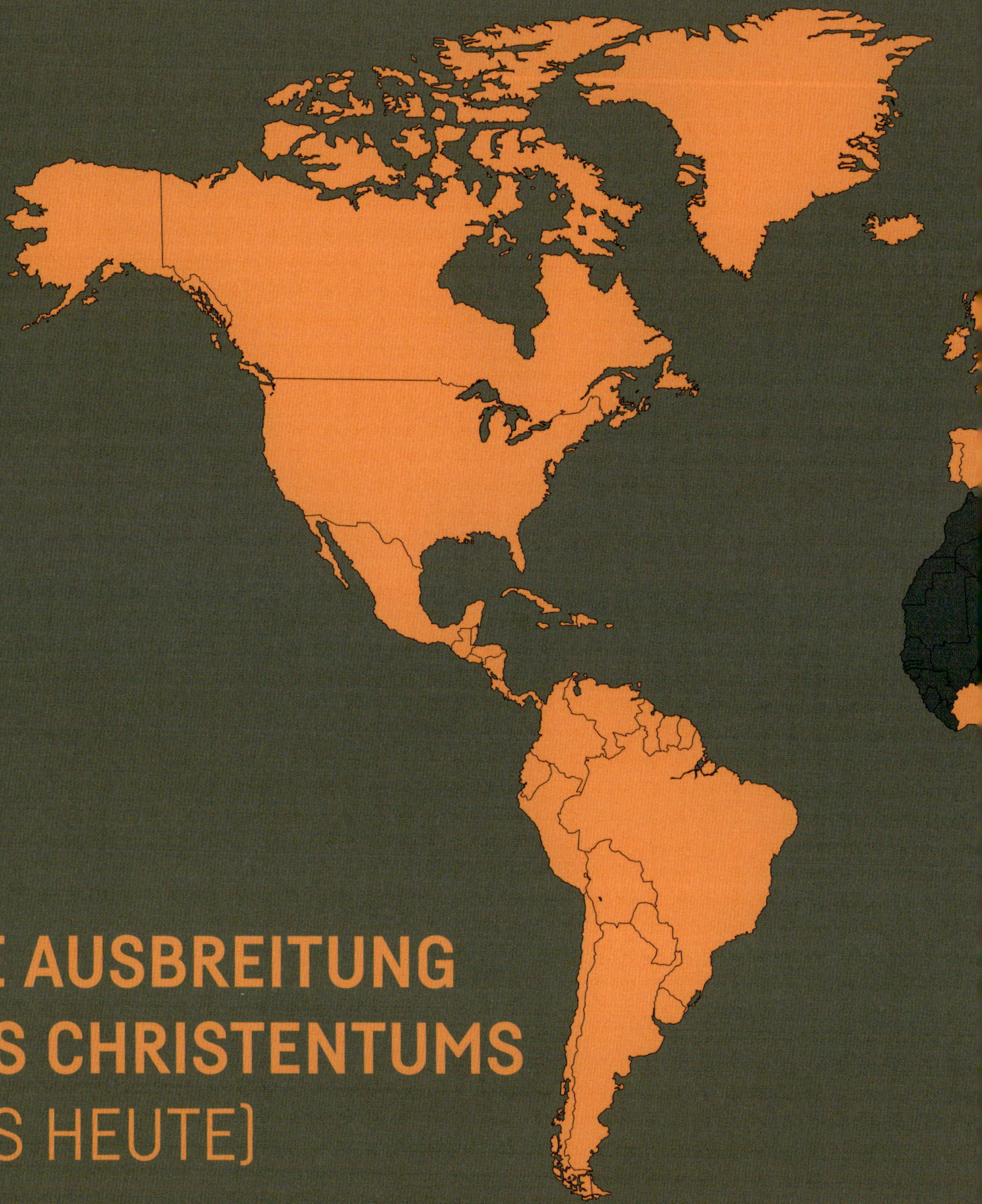

DIE AUSBREITUNG DES CHRISTENTUMS (BIS HEUTE)

Das Königreich Armenien wurde um 300 das erste offizielle „christliche Reich“. Parallel schritt die Christianisierung des Römischen Reichs über die Jahrhunderte hinweg voran. Mit der „Mailänder Vereinbarung“ zwischen den beiden Römischen Kaisern Konstantin und Licinius wurden im Jahre 313 die grundsätzlichen Weichen gestellt, die dann im Jahre 380 dazu führten, dass Theodosius die christliche Lehre zur Staatsreligion für alle Bürger des Römischen Reichs erklärte. Bis heute haben die etwa 1,285 Milliarden katholischen Christen in Rom ihr Headquarter.

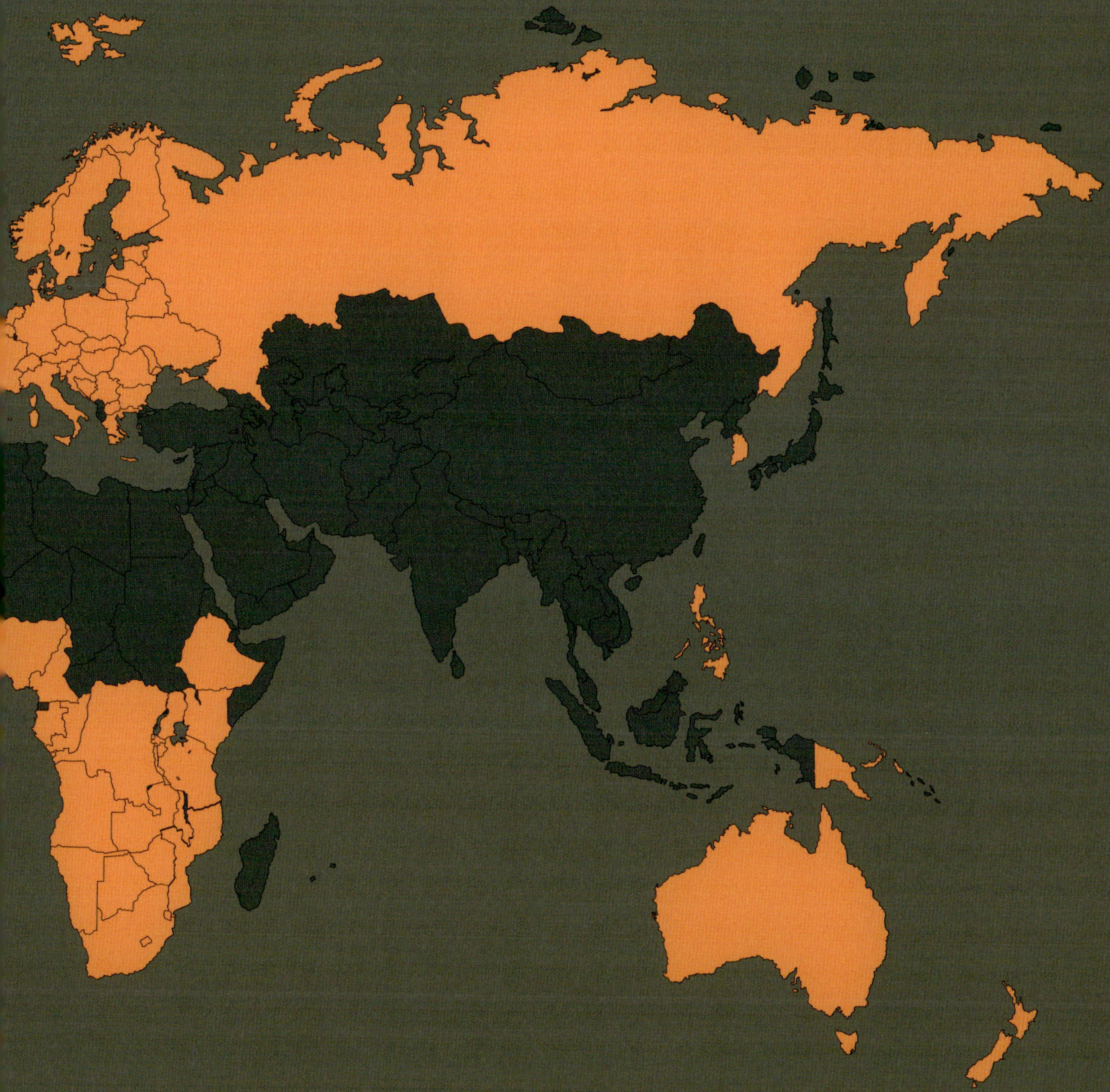

Die finstere Zeit im Frühmittelalter brachte Auswüchse wie gewaltsame Zwangsbekehrungen und Kreuzzüge mit sich; ein finsteres Kapitel der Kirchengeschichte, von der sich heute die Oberhäupter aller Kirchen – Gott sei Dank – in aller Deutlichkeit distanzieren.

Die Missionierung von Nordeuropa und weiten Teilen Osteuropas hingegen lief weitestgehend friedlich. Afrika, Asien sowie Nord- und Südamerika folgten.

Und so ist das Christentum heute mit rund 2,26 Milliarden Anhängern (etwa 30 % der Weltbevölkerung) die weltweit am weitesten verbreitete Religion.

All das geschieht im Namen des Mannes, der im Jahre 0 geboren wurde und der damit unsere Zeitrechnung begründet hat. Und all das geschieht weil dieser Mann nach seinem grausamen Tod am Kreuz als erster Mensch vom Tod auferstanden ist.

TEIL 3

DAS KREUZ. SYMBOL EINER BOTSCHAFT.

Im Kreuz begegnen sich Himmel + Erde.
Ein Kreuz besteht aus zwei Linien. Einer Vertikalen und einer Horizontalen. Das Kreuz symbolisiert die Begegnung der Welt – horizontal – mit dem in Form von Jesus Christus zur Erde kommenden und dann wieder auferstehenden Gott – vertikal. Die Versöhnung zwischen Gott und den Menschen, durch das Sterben am Kreuz, ist aus Liebe geschehen. Und mahnt zugleich doppelt zur Liebe: sowohl zur Liebe in der Beziehung zu Gott als auch zu liebenden Beziehungen unter uns Menschen.

DAS KREUZ

lächerlich für die einen. Kraft Gottes für die anderen.

Ich weiß, wie unsinnig die Botschaft vom Kreuz in den Ohren derer klingt, die verloren gehen. Wir aber, die wir gerettet sind, erkennen in dieser Botschaft die Kraft Gottes.
1. Korinther 1,18

Das Kreuz bringt den Menschen die Chance zur Versöhnung. Und nimmt zugleich dem Tod den Schrecken. Denn das Kreuz sagt: Auch nach dem Tod geht es für dich weiter. Der Tod hat nicht mehr das letzte Wort. Aber schon vor dem Tod kann die Botschaft vom Kreuz alles kraftvoll verändern: Auferstehung ist „Neuschöpfung“. Und Vergebung. Schon mal festgestellt, was Vergebung in einem auslöst? Sich frei zu fühlen von Schuld. Und wieder neu und unbeschwert anzufangen.

VERGEBUNG

bedeutet richtig wegradiert und wirklich weg.

„Ich habe deine Sünden
aufgelöst wie Nebel."
Jesaja 44,22

Wenn Gott vergibt, bleibt nichts mehr übrig. Nichts. Nullkommanichts.
Kann man sich nur schwer vorstellen, oder? Was Gott vergeben hat, sieht er nicht mehr.
Das gibt er uns sogar schriftlich. „Und ich will ihnen ihre Sünden vergeben und nicht mehr
an ihre bösen Taten denken." Jeremia 31,34

DAS KREUZ: ZEICHEN FÜR PASSION UND LIEBE

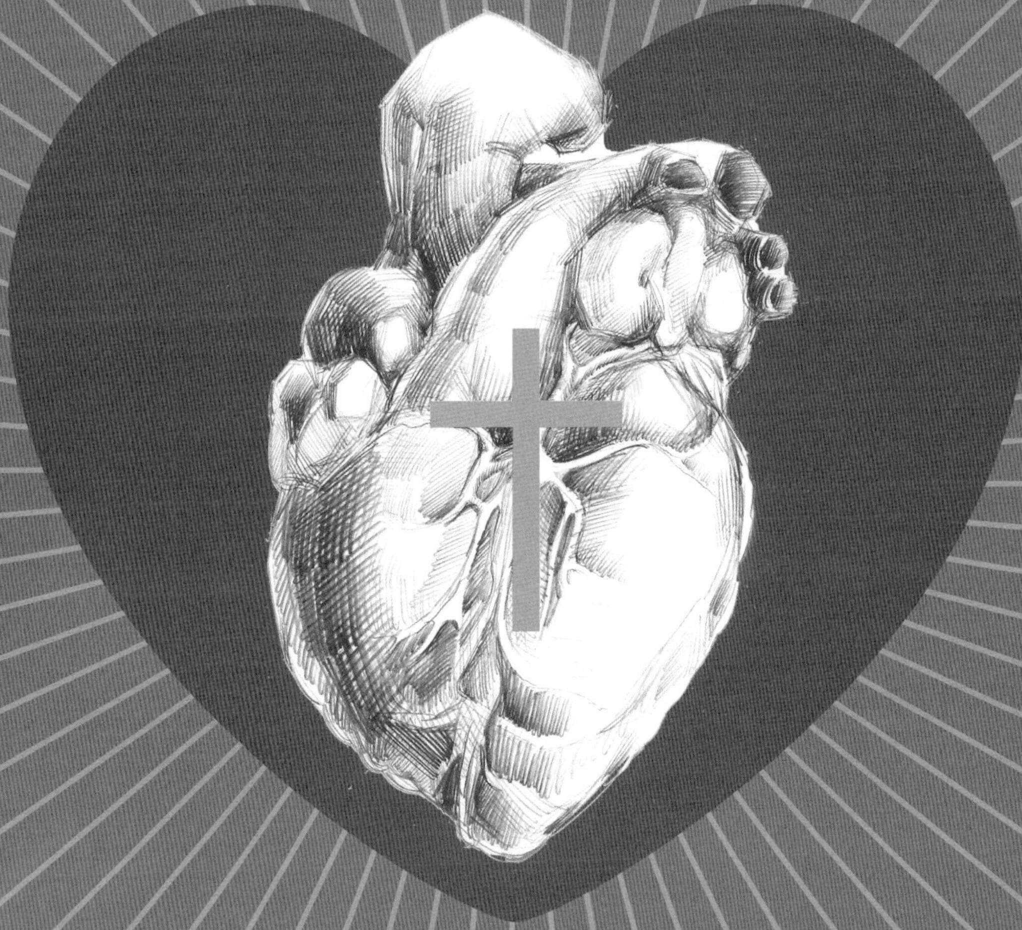

Wenn ein Kind symbolhaft „Liebe“ darstellen will, benutzt es ein rotes Herz. Die meisten Erwachsenen würden das Gleiche tun. Kaum jemand würde auf die Idee kommen, ein Folterinstrument wie das Kreuz zum Symbol der Liebe zu erklären. Aber genau das ist es. Denn nur aus Liebe zu den Menschen hat Gott sich in Gestalt von Jesus Christus das größte Leid zugefügt, das Menschen sich vorstellen können, und ist einen qualvollen Tod gestorben. Das ist die ultimative Liebeserklärung Gottes an die Menschen. Im Kreuzestod steckt die Botschaft an uns Menschen: „Selbst im Schlimmsten bin ich da. Nichts kann zwischen mich und euch kommen. Selbst das größte Leid teile ich mit euch. Mehr noch: ich gebe mich komplett für euch hin!“ Für die Liebe Gottes müssen wir, ja können wir nichts, rein gar nichts, tun. Wir können sie weder verdienen noch eine Gegenleistung dafür erbringen. Die große Liebe Gottes gibt es nur gratis. Als Geschenk aus Gnade und Liebe. Die Zeit im Jahr, in der Christinnen und Christen besonders an das Leiden und Sterben, aber auch an die gewaltige Liebestat von Jesus denken, nennt man deshalb auch Passionszeit. Diese Passionszeit dauert sechs Wochen und liegt vor dem Osterfest, an dem dann die Auferstehung von Jesus gefeiert wird.

DAS KREUZ: CHANCE ZUM NEUANFANG

Auch ein Kreuzweg:
Und man kann immer noch mal von vorne anfangen.

Wer beim „Mensch ärgere dich nicht“-Spiel rausfliegt, erhält eine neue Chance. Und fängt noch mal von vorne an. In etwa so funktioniert Vergebung – das Prinzip der neuen Chance, die Gott uns immer wieder gibt.

Und noch etwas ist dem „Mensch ärgere dich nicht“-Spiel ähnlich: Wirklich sicher ist man nur zu Hause. Erst wenn die Spielfigur im „Haus“ angekommen ist, kann keiner sie mehr rauswerfen. In etwa so funktioniert „Himmel“ – Gott gibt uns ewige Sicherheit in seinem Zuhause.

Den Weg zur Vergebung und in die Ewigkeit hat Jesus geöffnet. Durch seinen Tod am Kreuz und seine Auferstehung.

Mensch
ärgere
Dich
nicht
© Schmidt Spiele GmbH
Made in Germany

DAS KREUZ: ZIEL UND ORIENTIERUNG

WARUM MENSCHEN KREUZE AUF GIPFEL STELLEN.

1 Wer hat noch nicht auf einem Berggipfel gestanden? Stolzer Blick, Hand am mächtigen Holzkreuz, rote Wangen vom anstrengenden Aufstieg …

2 Zuerst haben die Römer Gipfelkreuze aufgestellt: Am höchsten Punkt des Berges haben sie ihren „Passheiligen“ geopfert.

3 Dann haben es die Kreuzfahrer getan: Während des 1. Kreuzzuges errichteten sie sie in den Gebirgen Kleinasiens, um den Nachkommenden den Weg zu weisen.

4 Ab dem 16. Jahrhundert markierten Gipfelkreuze Alm- und Gemeindegrenzen.

5 Im 17. Jahrhundert wurden Wetterkreuze aufgestellt, um Unwetter in den Alpen abzuhalten.

6 Seit dem 19. Jahrhundert wurden dann viele Bergkreuze mit wissenschaftlichen Messinstrumenten wie Barometern und Blitzableitern ausgestattet.

7 ***DABEI HAT DAS ERHÖHTE KREUZ VIEL ZU SAGEN.***

1 Ganz nah am Himmel. Für alle sichtbar.
2 Als Orientierung.
3 Und als Ziel des Weges.

JESUS, DER GROSSE „INFLUENCER“.

Jesus hat wie kein Zweiter die Weltgeschichte beeinflusst. Und einzelne Lebensgeschichten. Zu den Ersten gehörten diese drei:

Etappe 1: PETER, PAUL and MARY

PETER: Simon Petrus war ein einfacher Fischer. Er war ein Hitzkopf, ein Mann der Tat, ein Energiebündel. Und trotzdem hat er Jesus vor dessen Tod dreimal verraten bevor der Hahn drei Mal krähte. Daran erinnert heute noch der Hahn auf vielen Kirchendächern. Trotzdem hat Gott ihn zum Grundstein seiner Gemeinde gemacht. Den Ungebildeten, den Hitzkopf, den Verräter.

PAUL: Paulus verfolgte Jesus mit voller Energie, als er noch Saulus hieß. Er war Jude, Pharisäer, gebildet, angesehen und hatte nur ein Ziel: die Anhänger dieses anmaßenden Sektenführers zu verfolgen und auszurotten. Dann erschien ihm der tote Jesus quicklebendig und alles wurde anders: Er war der Missionar der das Christentum nach Griechenland und Rom brachte. Das hat er mit dem Tod bezahlt. Und dafür ewiges Leben gewonnen.

MARY: Maria hat Jesus als junge Frau und Jungfrau empfangen. Zeitlebens gehörte sie zum Gefolge ihres Sohnes, der auch und vor allem Sohn Gottes war und ist. Eine große Rolle für ein einfaches Mädchen aus der Kleinstadt Nazareth.

Mal sehen, was Gott mit dir anfangen kann.

Das ist bis heute ein Prinzip Gottes: Folge mir nach, geh deinen Weg mit mir und erhalte ewiges Leben.

Du kommst auch aus einer Kleinstadt? Gott hat gute Pläne für dich und dein Leben.

JESUS HAT DIE LEBENSGESCHICHTE VIELER MENSCHEN BEEINFLUSST.

Was denken andere Menschen über Ostern?

Ostern ist für viele Menschen heute nicht mehr als Ei und Hase. Für viele andere ist die Botschaft vom Kreuz der zentrale Wendepunkt ihres Lebens.

Wie erleben Menschen persönlich die Kraft der Auferstehung? Was bedeutet das Kreuz für prominente und bekannte Persönlichkeiten? Kann ich von deren Erfahrungen und Erkenntnissen lernen und profitieren?

Bono,
58 Jahre, Rocksänger U2:
Ich bestehe darauf, dass Christus mich am Kreuz von meinen Sünden befreit hat, denn ich weiß, wer ich bin, und ich hoffe, mich nicht auf meine eigene Religiosität verlassen zu müssen.

Fernando Santos,
64 Jahre, Fußballnationaltrainer von Portugal:
„Ich habe Christus gefunden. Das war das größte Glück meines Lebens"
„Ich glaube an die Auferstehung."
„Mir wurde klar, dass Christus lebt, eine entfernte Realität, die ich erkannte."

Zé Roberto, 44 Jahre, ehemaliger Fußballprofi: *Das Wichatigste am Glauben ist, dass man sich von Gott geliebt weiß, so wie man ist. (...)*

Sylvester Stallone, 72 Jahre, Schauspieler: *Je mehr ich in die Kirche gehe und je mehr ich mich dem Glauben an Jesus hingebe und auf seine Worte höre und ihn an meiner Seite habe, desto mehr fühle ich, dass der Druck weniger wird, der auf mir lastet.*

Justin Bieber,
24 Jahre, Popsänger: *Ich glaube an Gott und ich glaube daran, dass Jesus wegen meiner Sünden am Kreuz gestorben ist. Er ist der Grund, dass ich hier bin. Sobald ich anfange, das zu vergessen, muss ich auf „zurück" klicken und sagen: „Darum bin ich hier."*

WORTE
UND

Thomas de Maizière, 64 Jahre, CDU-Politiker: *„Wenn Menschen, die ich geliebt habe, gestorben sind, dann glaube ich über alle Trauer hinweg an die Kraft der Auferstehung."*

Manuela Schwesig, 44 Jahre, SPD-Politikerin / Ministerpräsidentin von Mecklenburg-Vorpommern: *„Die Osterbotschaft ist für mich immer wieder ganz besonders: Leben besiegt Tod, das Gute überwindet das Böse, das Recht ist stärker als Unrecht!"*

Reinhold Würth, 83 Jahre, Unternehmer („Schrauben-Milliardär"): *„Wir sind Christen. Wir gehen davon aus, dass wir nach dem Tod weiterleben." „Es wäre ein billiger Schöpfer, der so wunderbar komplizierte Wesen geschaffen hat, mit so viel Geist, wenn die Seele nicht existent wäre. Wenn man einfach stirbt wie ein Hund. Das glaube ich nicht. Insofern habe ich da keine großen Bedenken."*

Andreas Pietschmann, 49 Jahre, Schauspieler: *„Ich bin ein Mensch, der bereit ist, zu glauben und zu akzeptieren, dass sich bestimmte Dinge mit dem Menschenverstand und von der Wissenschaft nicht erklären lassen. Ich habe keine andere Figur gefunden, die so zum Vorbild taugt wie Jesus."*

John Lennox, 74 Jahre, Autor und emeritierter Mathematikprofessor der University of Oxford: *„Atheismus ist ein hoffnungsloser Glaube. Hingegen gibt die christliche Botschaft, fest gegründet in der Auferstehung Jesu Christi von den Toten, Hoffnung für die Zukunft."*

ZITATE

Mehr Statements von Promis zum Glauben gibt es unter www.promisglauben.de

FAZIT: OSTERN, DAS FEST, DAS MIT

- Eine Schlagzeile wie diese lässt uns erschauern. Zu jung, zu früh gegangen, ein Leben, das in seiner Blüte zu Ende geht.

- Jesus starb mit 33 Jahren. Unschuldig. Zum Tode verurteilt.

- Wo stehst du? Wie alt bist du? Wo wirst du mit 33 sein – oder wo warst du in diesem Alter? Hast du das Gefühl, dass das Beste noch vor dir liegt? Oder hast du deine großen Tage schon hinter dir?

INEM GRAUSAMEN TOD BEGINNT.

- Und wie sieht es aus mit deiner Schuld? Wenn dich da was drückt, hat ein Mann, der mit 33 gestorben ist, eine Botschaft für dich:
  Für dich habe ich das getan.

- Damit du ohne Schuld leben kannst. Für immer. Und nicht nur 33 Jahre lang ...

FAZIT: OSTERN, DAS FEST D

- Wenn wir Menschen über Fakten reden, ist häufig kein Platz für Gefühle. Vermutlich gelten Gefühle grundsätzlich eher als unfaktisch.

- Der Hauptantrieb Gottes für Ostern war aber ein Gefühl: Liebe.

R LIEBE UND VERGEBUNG.

„Denn so sehr hat Gott die Welt geliebt, dass er seinen eigenen Sohn gab.“ Weil Gott die Menschen liebt – weil Gott auch mich und dich liebt –, wurde Jesus stellvertretend für uns – für mich und dich – gekreuzigt.

Weil er, weil Gott die Welt und mich und dich so sehr liebt.